Wilhelm Klump

Handwerk und Gewerbe bei den Angelsachsen

Wilhelm Klump

Handwerk und Gewerbe bei den Angelsachsen

ISBN/EAN: 9783955641580

Auflage: 1

Erscheinungsjahr: 2013

Erscheinungsort: Bremen, Deutschland

@ EHV-History in Access Verlag GmbH, Fahrenheitstr. 1, 28359 Bremen. Alle Rechte beim Verlag und bei den jeweiligen Lizenzgebern.

Handwerk und Gewerbe bei den Angelsachsen

Wilhelm Klump

Heidelberg 1908
Carl Winter's Universitätsbuchhandlung

Inhalt.

	Seite
Erklärung der Abkürzungen	IV
Literatur. I. Altenglische Quellen	1
II. Hilfsmittel	4
Einleitung	8
I. Handwerker, die für Nahrungsmittel sorgen	13
Koch und Vorschneider	13
Mahlen und Backen	13
Milchverwertung	16
Schlachten	18
Salzgewinnung und -verwendung	19
II. Handwerker, die für Kleidung sorgen	20
Bereitung und Verarbeitung des Leders	20
Weberei, Tuchbereitung und -verzierung	22
III. Handwerker, die Metalle verarbeiten	32
Schmied	32
Münzer	35
IV. Handwerker, die Holz, Erde oder Stein verarbeiten	38
Zimmermann	38
Töpfer und Bergmann	39
Maurer, Steinmetz	40

Erklärung der Abkürzungen.

ae. = altenglisch.
afries. = altfriesisch.
afrz. = altfranzösisch.
ahd. = althochdeutsch.
ai. = altindisch.
(a)ir. = (alt)irisch.
aisl. = altisländisch.
aksl. = altkirchenslavisch.
an. = altnordisch.
apreuß. = altpreußisch.
as. = altsächsisch.
av. = avestisch.
bair. = bairisch.
Bd(e). = Band, Bände.
bret. = bretonisch.
čech. = čechisch.
dän. = dänisch.
dial. = dialektisch.
engl. = englisch.
frz. = französisch.
gäl. = gälisch.
germ. = germanisch.
got. = gotisch.
Hs(s). = Handschrift(en).
idg. = indogermanisch.
kelt. = keltisch.
kymr. = kymrisch.
lat. = lateinisch.
lit. = litauisch.

md. = mitteldeutsch.
me. = mittelenglisch.
mhd. = mittelhochdeutsch.
mlat. = mittellateinisch.
mnd. = mittelniederdeutsch.
mndl. = mittelniederländisch.
ne. = neuenglisch.
nfrz. = neufranzösisch.
nhd. = neuhochdeutsch.
nndl. = neuniederländisch.
nordh. = nordhumbrisch.
obd. = oberdeutsch.
obs. = obsolet (veraltet).
port. = portugiesisch.
prov. = provenzalisch.
russ. = russisch.
schwed. = schwedisch.
slav. = slavisch.
span. = spanisch.
u. = unter.
urg. = urgermanisch.
ved. = vedisch.
vglat. = vulgärlateinisch.
wall. = wallisisch.
Wb. = Wörterbuch.
westg. = westgermanisch.
wests. = westsächsisch.
Wz. = Wurzel.

Das Zeichen * bedeutet eine nur erschlossene Form; ∾ vertritt die zuletztgenannte Form des betreffenden altenglischen Handwerkernamens; m., f., n. bezeichnen masculinum, femininum, neutrum; id(em) ist das lateinische Lemma der vorhergehenden Glosse.

Literatur.

I. Altenglische Quellen.

Falls nicht im einzelnen angegeben durch Kap(itel) oder S(eite), beziehen sich die römischen Zahlen auf die Abschnitte oder Bände eines Werkes, die deutschen auf die Seiten und (sofern sie kleiner gedruckt sind) auf die Zeilen.

Aelfc. Bas. Adm. s. *Hexam.*

Aelfc. Coll. = Aelfrics Colloquium, WW. 89—103.

Aelfc. Gr. und *Aelfc. Gl.* = Aelfrics Grammatik und Glossar, ed. Jul. Zupitza, Samml. engl. Denkm., Bd. I, Berlin 1880. (Das Glossar ist identisch mit dem bei WW. 304—337 abgedruckten Vokabular, das aber nur auf einer Hs. Cotton. Jul. A II beruht.)

Aelfc. HL. = Aelfrics Heiligenleben ('Lives of Saints'), ed. W. W. Skeat, EETS. 76, 82, 94, 114. 2 Bde.

Aelfc. Hom. = The Homilies of Aelfric, ed. Benj. Thorpe. 2 Bde. London 1843—1846.

Aelfc. Past. Ep. s. L. a. J.

Aeþelst(ans) Sieg, Bibl. Poes. I 374 ff.

Ags. Leseb(uch), zusammengestellt und mit Glossar versehen von Fr. Kluge. 2. und 3. Aufl. Halle 1897 und 1902.

Andr. = Andreas, Bibl. Poes. II 1 ff.

Bd. = König Alfreds Übersetzung von Bedas Kirchengeschichte, herausgegeben von Jakob Schipper, Bibl. Prs. IV, Leipzig 1899 (Zit. nach Büchern, Kapiteln, Seiten und Zeilen).

Ben. = The rule of St. Benet (Interlinearversion) ed. H. Logeman, London-Utrecht 1888.

Ben. Reg. = Die ags. Prosabearbeitungen der Benediktinerregel, ed. A. Schröer (erste Übertragung ca. 961), Bibl. Prs. II, Kassel 1885.

Beow. = Beowulf, Bibl. Poes. I 149 ff.

Bibl. Poes. = Bibliothek der ags. Poesie, begründet von Ch. W. M. Grein, neu bearbeitet von R. P. Wülker. 3 Bde. Kassel 1881 ff.

Literatur.

Bibl. Prs. = Bibliothek der ags. Prosa, begründet von Grein, fortgesetzt von Wülker. 6 Bde. 1872 ff. (Bibl. Prs. III = Ags. Homilien und Heiligenleben [pag. 1—116 Werke Aelfrics] ed. B. Aßmann. Kassel 1889. Bibl. Prs. VI = Das Læcebōc, pag. 1—109, in den 'kleineren angelsächsischen Denkmälern', ed. Günther Leonhardi. Hamburg 1905.)

Bl. Hom. = The Blickling Homilies of the tenth cent. (971) ed. R. Morris EETS. 58, 63, 73.

Bt. = King Alfred's Old-English Version of Boetius (auch die Metra des Boetius enthaltend), ed. W. J. Sedgefield. Oxford 1899.

Cant. Ps. = Eadwines Canterbury Psalter, ed. F. Harsley. Part II. Text EETS. 92 (nach Wanley 'circa tempus Stephani' 1135—1154. vgl. Napier PBB. XXIII 572).

CD. = Codex diplomaticus aevi Saxonici ed. J. M. Kemble. 6 Bde. London 1839—48.

Chron. = Two of the Saxon Chronicles parallel with supplementary extracts from the others, ed. Ch. Plummer on the basis of an edit. by J. Earle. 2 Bde. Oxford 1892.

Conf. Ecgb. = Confessionale Ecgberti, Arch. Ebor., L. a. Inst. p. 343 ff.

Corp. = An Eighth-Century Latin-Anglo-Saxon Glossary, Preserved in the Library of Corpus Christi College Cambridge, ed. J. H. Hessels, 1890 (ältere Ausgaben sind OET. pag. 35 ff. und WW. 1—54).

Corp., den Evangelienzitaten Mt., Mark., Luk., Joh. nachgestellt = ws. Evangelien, s. Gospels.

Cræft. = Bi Monna Cræftum, Bibl. Poes. III 1, 140 ff.

Crist. = Cynewulfs Crist, Bibl. Poes. III 1, 1 ff.

D(e) v. T(est) und *D. n. T(est)* = Aelfric de veteri und de novo testamento, Bibl. Prs. I 1 ff.

Dial. Greg. = Bischofs Wærferþ von Worcester Übertragung der Dialoge Gregors des Großen, ed. H. Hecht. Bibl. Prs. V. Leipzig 1900 (Hs. aus dem 2. Viertel des 11. Jh.).

Dipl. Angl. = Diplomatarium Anglicum aevi Saxonici, ed. B. Thorpe. London 1865.

Ep. Al. = Epistola Alexandri ad Aristotatelem, ed. Baskervill. Anglia IV 139 ff.

Ep. — Erf. = Epinal- und Erfurt-Glossar, OET. p. 36 ff.

G. B. = Cartularium Saxonicum, ed. W. de Gray-Birch. 3 Bde. London 1885—93 (zitiert nach Band und Seiten).

Gef. Eng. = Klagen der gefallenen Engel, Bibl. Poes. II 521 ff.

Ger. = Gerēfa, Ges. pag. 453 ff.

Altenglische Quellen.

Ges. = Gesetze der Angelsachsen, ed. F. Liebermann, Halle 1898 ff.
Gospels = the G. according to St. Matthew etc. in Anglo-Saxon, Northumbrian and Old-Mercian Versions, ed. W. W. Skeat, Cambridge 1871—87.
Hexam. = The Anglo-Saxon Version of the Hexameron of St. Basil (darin pag. 32—54 Aelfrics Übertragung von *St. Bas*(ils) *Adm*(onitio ad filium spiritualem), ed. H. W. Norman. London 1848.
Hexenst. = Spruch gegen Hexenstich, Bibl. Poes. I 317 ff.
Höllenf(ahrt Christi), Bibl. Poes. III 1, 175 ff.
Jul. = Juliana, Bibl. Poes. III 1, 117 ff.
L. a. Inst. = Ancient Laws and Institutes of England (darin pag. 452 bis 463 Aelfrics *Past*(oral) *Ep*(istle), ed. B. Thorpe. London 1840.
Lamb(eth) *Ps*(alter), zitiert nach Bosworth-Toller.
Lcb. = Læcebōc (3 Teile), Bibl. Prs. VI (ältere Ausg. Lchd. II 1 ff.), pag. 1—109, ed. G. Leonhardi. Hamburg 1905.
Lchd. = Leechdoms, Wortcunning and Starcraft of early England, ed. O. Cockayne. 3 Bde. London 1864—1866.
Ld. Ch. = a Handbook to the Land-Charters and other Saxonic Documents, ed. J. Earle. Oxford 1888.
Leid. = P. Glogger, Das Leidener Glossar. I. Text der Handschrift. Augsburger Programm. Augsburg 1901. II. Erklärungsversuche. Münchener Diss. Augsburg 1903 (ältere Ausgabe, OET. pag. 111—117).
= A Late Eighth-Century Latin-Anglo-Saxon Glossary, preserved in the library of the Leiden University, ed. J. H. Hessels. Cambridge 1906.
Lind. = nordhumbrische Lindisfarne-Glosse zu den vier Evangelien (oder Durham-Book), s. Gospels.
Mart. = An Old English Martyrology, ed. G. Herzfeld. EETS. 116 (ältere Ausgabe Shrn. 29—35, 44—158).
Metr. Bt. s. *Bt.*
Mōd. = Bi Monna Mōdum, Bibl. Poes. III 1, 144 ff.
Nap. OEG. = Old English Glosses, ed. A. S. Napier. Anecdota Oxoniensia 1900 (nach Abschnitten zitiert).
OET. = The Oldest English Texts, ed. H. Sweet. London 1885.
Or. = King Alfred's Orosius, ed. H. Sweet. EETS. 79.
Past. = King Alfred's West-Saxon Version of Gregory's Pastoral Care, ed. H. Sweet. EETS. 45, 50.
Phōn(ix), Bibl. Poes. III 1, 175 ff.
Poet. Gen. = Genesis, Bibl. Poes. II 318 ff.

Poet. Guthl. = Guthlac, Bibl. Poes. III 1, 55 ff.
Prs. Gen. = Aelfrics Genesis, Bibl. Prs. I 25 ff.
Prs. Guthl. = Life of St. Guthlac, ed. Goodwin. London 1848.
R₁ = mercische Rushworth-Glosse zu Matthäus.
R₂ = nordhumbrische Rushworth-Glosse zu Mark., Luk., Joh., s. Gospels.
Räts(el) = die Rätsel des Codex Exoniensis, Bibl. Poes. III 1, 183 ff.
Rect. sg. pers. = Rectitudines singularum personarum, Ges. 444 ff.
Ruine = Ags. Leseb. p. 149 f.
Scint. = Defensor's Liber Scintillarum, ed. E. W. Rhodes, EETS. 93 (Anf. 11. Jh.).
Shrn. = 'The Shrine', a collection of occasional papers on dry subjects, ed. Cockayne. London 1864—1869.
Sol. = King Alfred's Old English Version of St. Augustine's Soliloquies, ed. Henry Lee Hargrove Ph. D. (Yale, Studies in English, Bd. XIII). New-York 1902.
Spelm. Ps. = Spelmans Psalter, zitiert nach Bosworth-Toller.
Th. Ps. = metrische Übertragung von Psalm LI—C, ed. Thorpe (Libri Psalmorum versio antiqua latina cum paraphrasi anglosaxonica, Oxford 1835). Bibl. Poes. III 332 ff.
Vesp. Ps. = mercischer Vespasian Psalter, OET. pag. 183 ff.
Wulfst(ans Homilien), ed. Napier. Zupitzas Samml. engl. Denkm., Bd. IV. Berlin 1883.
WW. = Anglo-Saxon and Old-English Vocabularies by Th. Wright, second ed. by R. P. Wülker, 2 Bde. London 1884.
Wyrd. = Bi Monna Wyrdum, Bibl. III 1, 148 ff.

II. Hilfsmittel.

AfdStdnSuL. = Archiv für das Studium der neuen Sprachen und Literaturen. Braunschweig 1846 ff.
ALL. = Archiv für lateinische Lexikographie. Leipzig 1884 ff.
B. T. = Bosworth-Toller, Anglo-Saxon Dictionary. Oxford 1882—1898.
Braune, Althochdeutsche Grammatik, 2. Aufl. Halle 1891.
Brugmann (Grdr.) = Grundriß der vergleichenden Grammatik der idg. Sprachen. Bd. I: Lautlehre. 2. Bearbeitung. Straßburg 1897 (zitiert nach Paragraphen).
Diez, Etymologisches Wörterbuch der romanischen Sprachen. 5. Ausg. Bonn 1887.
Ducange, Glossarium mediae et infimae latinitatis, ed. G. A. L. Henschel. Ed. nova a Leopold Favre. 10 Bde. Niort 1883—1887.

Falk og Torp, Etymologisk Ordbog over det Norske og det danske sprog. Kristiania 1903—1906.
Fick, Vergleichendes Wörterbuch der idg. Sprachen. 4. Aufl. Göttingen 1890.
Franck, Etymologisch Woordenboek der nederlandsche taal. s'Gravenhage 1884.
Fritzner, Ordbog over det gamle norske Sprog. Bde. I—III. Kristiania 1886—96.
Georges, Ausführliches lateinisch-deutsches Handwörterbuch. 7. Aufl. 2 Bde. Leipzig 1879—1880.
Götz = Corpus Glossariorum latinorum, ed. Georgius Götz. (7 Bände.) Leipzig 1888 ff.
Graff = Althochdeutscher Sprachschatz oder Wörterbuch der althochdeutschen Sprache von E. G. Graff. (6 Bände.) Berlin 1834—42.
Grdr.[2] = Pauls Grundriß der germanischen Philologie. 2. Aufl. Straßburg 1900 ff.
Grimm, D. Wb. = Deutsches Wörterbuch von Jakob und Wilhelm Grimm. Leipzig 1854 ff.
Heyne, Fünf Bücher deutscher Hausaltertümer von Moriz Heyne. Bde. I—III. Leipzig 1899 ff.
Hoops, Waldbäume und Kulturpflanzen im germanischen Altertum. Straßburg 1905.
IF. = Indogermanische Forschungen. Straßburg 1892 ff.
JGPh. = Journal of Germanic Philology. Indianapolis 1897 ff.
Keller = The Anglo-Saxon Weapon-Names treated archaeologically and etymologically by May Lansfield Keller (Angl. Forsch., Heft 15). Heidelberg 1906.
Kluge, Etymologisches Wörterbuch der deutschen Sprache. 5. und 6. Aufl. Straßburg 1894, 1905.
—, *Stammbild.* = Nominale Stammbildungslehre der altgermanischen Dialekte. Halle 1899.
—, *Vorgesch.* = Vorgeschichte der altgermanischen Dialekte. Grdr.[2] pag. 320 ff. (auch separat erschienen).
—, *Engl. Spr.* = Geschichte der englischen Sprache. Grdr.[2] pag. 926 ff. (auch separat erschienen).
Kluge-Lutz, English Etymology. Straßburg 1898.
Körting, Lateinisch-romanisches Wörterbuch. 3. Aufl. Paderborn 1907. (Abgekürzt: Lat.-rom. Wb.)
Middendorff, Altenglisches Flurnamenbuch. Halle 1902.
Miklosich, Etymologisches Wörterbuch der slavischen Sprachen. Wien 1886.

Nap. Contr. = Napier, Contributions to Old-English Lexicography. Hertford 1906.

NED. = A New English Dictionary on historic principles. Oxford 1888 ff. (Benutzt von A bis Pf exkl. M bis O.)

Noreen, Altisländische und altnorwegische Grammatik. 2. Aufl. Halle 1892.

Paul, D. Wb. = Deutsches Wörterbuch von Hermann Paul. Halle 1897.

PBB. = Beiträge zur Geschichte der deutschen Sprache und Literatur, Bd. I—XV, ed. Paul und Braune, Bd. XV ff. ed. Sievers, Bd. XXXII f. ed. Braune. Halle 1874 ff.

Pogatscher, Zur Lautlehre der griechischen, lateinischen und romanischen Lehnworte im Altenglischen. Q. F. 64. Straßburg 1888.

Prellwitz, Etymologisches Wörterbuch der griechischen Sprache. 2. Aufl. Göttingen 1905.

Pr. P. = Promptorium Parvulorum, sive Clericorum, dictionarius Anglo-Latinus princeps, auctore fratre Galfrido, circa A. D. 1440, ed. Albertus Way. Camden Society, Bde. XXV, LIV, LXXXIX. London 1843—65.

Richthofen, Altfriesisches Wörterbuch. Göttingen 1840.

Schiller-Lübben, Mittelniederdeutsches Wörterbuch. 6 Bde. Bremen 1875—81.

Schmeller, Bayerisches Wörterbuch von Andreas Schmeller. 2 Bde. München 1872 bezw. 1877.

Schrader, Reallexikon der indogermanischen Altertumskunde. Straßburg 1901.

Schurz, Heinrich, Urgeschichte der Kultur. Leipzig und Wien 1901.

Sievers, Angelsächsische Grammatik. 3. Aufl. Halle 1898.

Skeat, An etymological dictionary of the English language. Oxford 1888. (Abgekürzt: *Et. D.*)

—, A concise Etymological dictionary of the English Language. Oxford 1901. (Abgekürzt: *Conc. Et. D.*)

Stratm. = Stratmann, A Middle-English Dictionary; A new ed. by H. Bradley. Oxford 1891.

Streitberg, Urgermanische Grammatik. Heidelberg 1900.

Stroebe, Die altenglischen Kleidernamen von Lilly L. Stroebe. Borna-Leipzig 1904. (Heidelberger Inaug.-Diss.)

Sweet, Stud. Dict. = The Students Dictionary of Anglo-Saxon. Oxford 1897.

Thurneysen, Keltoromanisches. Halle 1884.

Uhlenbeck, Kurzgefaßtes etymologisches Wörterbuch der gotischen Sprache. Amsterdam 1900.

Vigf. = An Icelandic-English Dictionary by R. Cleasby, enlarged and completed by G. Vigfusson. Oxford 1874.

Wackernagel, Kleinere Schriften. Bd. I. Leipzig 1872. (Gewerbe, Handel und Schiffahrt der Germanen.)

Wadstein, Kleinere altsächsische Sprachdenkmäler, ed. Eliṣ Wadstein. Norden und Leipzig 1899.

Walde, Lateinisches Etymologisches Wörterbuch. Heidelberg 1906.

Wright, The English Dialect Dictionary. Oxford 1898 ff.

ZfromPh. = Zeitschrift für romanische Philologie, ed. Gröber. Halle 1877 ff.

ZfdW. = Zeitschrift für deutsche Wortforschung, ed. Fr. Kluge. Straßburg 1901 ff.

Zupitza E., Die germanischen Gutturale. Berlin 1896.

A. Kulturgeschichtlicher Teil.

Einleitung.

Ein rein äußerlicher Unterschied meiner Arbeit von den früher erschienenen, besonders der R. Jordans (Säugetiernamen) oder der von M. L. Keller (Weapon-Names), ist das geringe Belegmaterial für Handwerkernamen. Trotz genauen Durchsehens nahezu aller bereits edierter und in Deutschland zugänglicher Texte war es mir nämlich nicht möglich, die Zahl der von Bosworth-Toller angegebenen Nachweise noch erheblich zu vermehren. Diese Tatsache wird jedoch nicht weiter überraschen, wenn man bedenkt, daß die altenglische Literatur meist Gelehrtenliteratur ist, und daß Texte mit einer genauen Beschreibung der einzelnen Handgriffe, die vielleicht Arbeitern Anleitung hätten geben sollen, so gut wie ganz fehlen.

Es gibt nur einige Denkmäler, die gelegentlich etwas mehr über einen Handwerker und seine Funktionen bringen, und die dementsprechend ein erhöhtes Interesse beanspruchen dürfen. Hier ist in erster Linie Aelfrics *Colloquium* zu nennen, wo bei dem Rangstreite, der unter den verschiedenen *wyrhtan* ausbricht, jeder selbst das Wort ergreift, um sein Gewerbe in möglichst günstigem Lichte und für die Allgemeinheit als ganz unentbehrlich darzustellen. Daß durch die Aufforderung des consiliarius, doch den Streit ruhen zu lassen und sich alle gegenseitig zu unterstützen, die Stimmen etwas zu frühe verstummen, können wir daher nur bedauern.

Um uns von einem altenglischen Handwerker und seinem Gewerbe eine nähere Vorstellung zu machen, sind wir, abgesehen von solchen Texten, wie dem eben genannten, teils auf Rückschlüsse aus einer späteren Epoche, teils auf Vergleiche mit außerenglischen, skandinavischen und besonders deutschen Verhältnissen angewiesen, wo uns durch die Bücher deutscher Hausaltertümer von Heyne vorgearbeitet ist.

Was die Anfänge eines eigentlichen Gewerbes anbelangt, so ist zunächst darauf hinzuweisen — ich tue das an der Hand von Schraders Artikel über Gewerbe und Reallexikon —, daß es nur eine indogermanische Gewerbebezeichnung gibt, die von ai. *tákṣa*, griech. τέκτων, ganz allgemein 'Steinarbeiter, -hauer, Zimmermann, Wagner', wozu auch mit engerer Bedeutung aksl. *tesati* 'behauen', lat. *texo* 'weben' gehört. Diese Tatsache läßt darauf schließen, daß es damals noch keine weitere Arbeitsteilung gab, was auch für die Germanen in frühster Zeit zu gelten hat. Denn auch hier fehlen uns außer dem Schmiede, der ursprünglich nur der Kunstarbeiter schlechthin war, ähnlich ai. *tákṣā*, griech. τέκτων, irgendwelche sprachlichen Anhaltspunkte, die uns ein Recht gäben, von urgermanischen Gewerben zu reden. Häusliche Kunstfertigkeit sorgte für das Nötige, und jeder deckte den eigenen Bedarf selbst, wobei im allgemeinen naturgemäß der Mann die schwerere Arbeit, wie das Verarbeiten der Metalle, das Herstellen von Waffen und Geräten, das Erlegen und Töten von Tieren und die Verwertung ihrer

Häute übernahm, während in allem, was mit Wollebereiten, Spinnen, Tuchweben und Backen in Zusammenhang stand, die Frau allein tätig war. Eine Fertigkeit, wie das Schmieden von Waffen, wurde sogar als eine gewisse Auszeichnung angesehen, und wenn wir auch nicht in der Lage sind, bei der erwähnten Sparsamkeit altenglischer Belege für unsere Handwerkernamen aus der Literatur Beweise dafür anzuführen, wie Guđmundsson und Kålund[1] dies für das Altnordische aus den Sagas können, so hindert uns auf der anderen Seite auch nichts, für die Angelsachsen in einer früheren Epoche Ähnliches anzunehmen. Vgl. dazu noch Wackernagel S. 46 ff.

Die weitere Entwicklung war dann die, daß ein wohlhabender Mann seine Sklaven zu bestimmten Arbeiten anhielt oder einen anderen gegen Bezahlung zunächst nur vorübergehend, später dauernd in seinen Dienst nahm, wie dies von einigen nordischen Fürsten berichtet wird. Vielleicht, daß der Hausherr selbst nicht sonderlich Lust zur Arbeit verspürte, worauf die von Wackernagel S. 36 f. und Schrader herangezogene Stelle aus Tacitus Germania hinzudeuten scheint, wonach der freie Germane den Müßiggang liebt und die Arbeit gerne anderen überläßt[2], vielleicht auch, daß er dazu selbst kein großes Geschick besaß oder ihm ein Arbeiter, der den überall gleichen Verhältnissen entsprechend in einer bestimmten Fertigkeit Besseres leistete als seine Genossen, dazu besonders geeignet schien oder empfohlen wurde. In seinem Werke:

---

[1] Pauls Grdr.² III §§ 70—74, Handwerk und Kunstfleiß.

[2] *Delegata domus et penatium et agrorum cura feminis senibusque et infirmissimo cuique ex familia: ipsi hebent, mira diversitate naturae, cum idem homines sic ament inertiam et oderint quietem* Tac. Germania Cap. 15.

Urgeschichte der Kultur, auf dessen Abschnitt III 4, Gewerbe und Handel, ich gleichzeitig verweise, hat H. Schurz sich pag. 275 ganz allgemein dahin geäußert, daß es meist alte und verkrüppelte Leute gewesen seien, die einen Handwerkerstand ins Leben riefen; für die altenglischen Verhältnisse ist mir das ziemlich unwahrscheinlich, zumal keinerlei Indizien, geschweige denn Beweise hierfür existieren.

Mit dem Augenblicke nun, wo solche Arbeiter zur Verwertung ihrer Kunstfertigkeit an die Herrenhöfe zogen, beginnen die Anfänge eigentlicher Gewerbe bei den Germanen. Zunächst waren es vielleicht nicht viele, die sich dort niederließen; doch brachte es der gesteigerte Bedarf allmählich mit sich, daß es immer mehr unternahmen, sich aus einer ursprünglich schlichten, häuslichen Fertigkeit ein Gewerbe zu schaffen und dies am Edelhofe auszuüben, so daß die Zahl dieser *wyrhtan* wuchs. Der Gerefa war gehalten, sie zu unterstützen und mit den nötigen Werkzeugen zu versehen.[1] Getrennt hiervon ent- und bestanden die Klostergewerbe, über die wir in der Benediktinerregel (ed. Schröer S. 94/95) einige Auskunft finden. Doch werden sicher wechselseitige Beeinflussungen zwischen beiden vorhanden gewesen sein. Einen weiteren Aufschwung konnten die Gewerbe jedoch erst nehmen, nachdem größere Städte entstanden waren, was aber schon außerhalb der Epoche liegt, die uns hier zu interessieren hat.

Unter den im folgenden behandelten Handwerkern fehlt der Brauer, weil das Altenglische uns hierfür keinen Namen überliefert hat, was bei der Bedeutung, die dem Biere zukam, zunächst einigermaßen befremden dürfte.

---

[1] *And gif hē* (sc. *se gerēfa*) *smēawyrhtan hæfþ, þām hē sceal tō tōlan fylstan* Ger. 16.

Ich schließe daraus, daß in altenglischer Zeit das Brauen noch nicht zu einem öffentlichen Gewerbe geworden war, sondern noch am Hause haftete, wo es vorzugsweise in den Händen der Frau lag. Diese Sitte blieb in England noch lange bestehen, wie Dickenmann in seiner Abhandlung «Das Nahrungswesen in England vom 12. bis 15. Jahrhundert» (Anglia 27, 453—515, S. 499 f.) erweist. Seine Ergebnisse ergänzen die meinigen sehr gut. Wenn er im Anschluß an die Tatsache, daß später auch Männer das Brauen gewerbsmäßig betrieben, bemerkt: «Schon im 13. Jahrhundert hören wir von Bierbrauern», so wäre vom altenglischen Standpunkte aus statt dessen vielmehr zu sagen: «Erst im 13. Jahrhundert hören wir von Bierbrauern». Denn der von Dickenmann für die Vorstufe des ne. *brewer* hier gegebene Beleg *bakares and breowares for alle men heo gabbe* (Old Engl. Miscell. of the 13th cent.) ist der älteste mir bekannte; das NED. bringt seine frühesten Belege für *brewere, bruere* resp. *brew(e)st(e)re* erst aus 1300 resp. 1308. Doch sei nochmals daran erinnert, daß die Nicht-Existenz eines eigentlichen Braugewerbes bei den Angelsachsen eben nur eine Vermutung ist, die sich auf das Nicht-Belegtsein eines ae. *brēawere* gründet.

Ich bemerke zugleich bei dieser Gelegenheit, daß sich in solchen Fällen überhaupt nur wenig ganz Sicheres feststellen läßt, daß solche Schlüsse nie absolut zwingend sein oder auf allseitige Annahme rechnen können. So wird trotz der vielen Klärung, die die letzten Jahre brachten, andererseits das Wort Heynes, womit er die Einleitung zu seinen Hausaltertümern beginnt: «Es gibt wenige Vorstellungen über die Urzeit des germanischen Volkes, die unter den Forschern als unbestritten gelten dürfen», auch für solche einzelnen Zweige unserer Altertumskunde, wie Handwerk und Gewerbe in einer älteren Epoche, noch gar häufig Geltung behalten müssen.

I. Handwerker, die für Nahrungsmittel sorgen.

Koch und Vorschneider.

Beides sind keine altgermanischen Gewerbe, sondern solche, die unter dem Einflusse des Christentums, besonders des Mönchswesens, in England nicht vor dem 7. Jahrhundert Eingang fanden. Während aber für den Koch gleichzeitig das lateinische Wort als *cōc* mit übernommen wurde, fungierte für den Vorschneider, der Fleisch und andere Speisen in einzelne Portionen zerlegte, die einheimische Bezeichnung *twickere*. Vgl. noch das unter *cōc* Etymologie Bemerkte.

Mahlen und Backen.

Als Gerät zum Enthülsen und Zermalmen der Körnerfrucht diente in der Urzeit eine steinerne Schale mit Vertiefung und ein darauf mit freier Hand bewegter Reiber. Späterhin kam dafür eine Verbesserung auf, nämlich ein auf einem Klotz als Unterlage sitzender, unbeweglicher, oben ausgehöhlter Stein, auf dem ein zweiter, in die Höhlung passender, drehbarer ruhte mit einem tiefen durchgehenden Loche. Durch dieses wurde ein Stab gesteckt, der die Drehung vermittelte und einen Ring als Handhabe hatte. Die ganze Tätigkeit wird uns poetisch veranschaulicht durch ein altenglisches Rätsel, wo der sich immer drehende Stein, durch ein Halsband festgehalten, sein Bett, d. h. die untergelegten Körner zerschrotet.

I. Handwerker, die für Nahrungsmittel sorgen.

*Ic sceal þrägbysig þegne mīnum hringum hæfted hȳran georne,
mīn bed brecan, breahtme cȳþan, þæt mē halswriþan hlāford
sealde* (Räts. V 1—4).

Das Mahlen in solchen Mühlen, die ursprünglich Zubehör jedes Hauses waren, wurde meist dem Gesinde überlassen; daß jedoch auch Tiere verwandt werden konnten, darauf scheint das ae. *esulcweorn*[1] hinzudeuten, wie schon Wülker in seiner Anmerkung zur Stelle WW. 353₃₃ aussprach. Im Laufe der altenglischen Zeit aber verschwand auch diese Tätigkeit aus dem Hause, und es bildete sich ein besonderes Gewerbe, das des *gristra, mylen-wyrd*, der zunächst noch mit derselben immerhin ziemlich primitiven Technik arbeiten mußte, wenn auch kleine Verbesserungen, wie das Anbringen eines Aufgusses zum Nachschütten frischer Körner und einer Abflußöffnung zum bequemeren Entnehmen des gemahlenen Getreides, allmählich Platz griffen.

Einen großen Umschwung bedeutete dagegen erst die Einführung der römischen Wassermühle, der *mola aquaria*, wodurch die Arbeit von Mensch und Tier fortan durch Wasserkraft geleistet wurde. Doch ging dies immerhin noch langsam. Für Deutschland läßt Heyne «spätestens das 12. Jahrhundert als die Zeit gelten, zu der jede Gegend ihre Wassermühlen hat», glaubt sie aber für England schon im 8. Jahrhundert voraussetzen zu dürfen, indem er auf das *molendinum* «von mehreren besessenes, also größeres Mühlwerk» einer altenglischen Urkunde CD. I 132 (ao. 762) hinweist. Das Auftreten der vulgärlateinischen Wortbildungen zu cl. *mola*, wie *molinus, molina, molendinum,*

---

[1] ascinaria: *esulcweorn* WW. 353 ₃₃. asinaria: *esul cweorn* ib. 481 ₁₅. Übrigens findet sich auch schon got. ein *asilu-qairnus* an der Stelle Marc. IX 42.

kann ja wohl sicher als sprachliches Zeugnis für das allmähliche weiterhin Bekannt- und Verbreitetwerden der römischen Wassermühlen gelten, speziell auf germanischem Boden, wo *molina* sogar als Lehnwort eindrang. Da es jedoch hier sehr bald auch als Name für die alten Handmühlen fungierte und die autochthone Bezeichnung fast überall verdrängte, muß es unentschieden bleiben, ob *mylen-wyrd* den Besitzer einer größeren Hand- oder einer Wassermühle bezeichnete und etwa in einem Gegensatz zu *grīstra* stand. Erwähnt sei ferner noch die merkwürdige Tatsache, daß das Altenglische den Namen *cweorn* für 'Handmühle' mit dem Anord., Got., Fries., As. und Ahd. zwar gemeinsam hat, daß das Verbum für das Hantieren mit einer solchen Mühle: an. *mala*, got., as., ahd. *malan* dagegen dem Englischen schon von den ältesten Zeiten an fehlt; der Begriff 'Mahlen' wird hier durch *grindan* wiedergegeben. Vgl. hierzu noch Heyne I 43 ff., II 257 bis 266, der auch Abbildungen gibt.

Die Beschaffung des Brotes, für das in altgermanischer Zeit noch das ganze gemahlene Getreide zur Verwendung kam ohne eine Scheidung in Kleie und eigentliches Mehl, die erst spät wohl unter römischem Einflusse durchgeführt wurde, lag ursprünglich allein in den Händen der Frau. Daraus wurde dann weiterhin zunächst eine Beschäftigung, die Mann und Frau gleichermaßen ausübten, vielleicht mit dem Unterschiede, daß dem Manne mehr die Versorgung der größeren Haushaltungen und das Hantieren am Backtroge, der Frau in erster Linie das Bereiten, Garmachen und Kneten des Teiges zukam, worauf ja auch der altenglische Name für Frau *hlǣfdige* = urg. **hlaiba-digōn* also eigentlich 'Brotbäckerin' hindeutet. Dieses Verhältnis kommt sprachlich dadurch zum Ausdruck, daß einem ae. *bæcere* ein *bæcestre*, einem ahd. *-becko* : panificus ein *becha*, *bechila*, *-pechi* : panifica (Graff III 24) zur Seite steht. Wenn nun in noch späterer Zeit die ganze Tätigkeit auf den Mann übertragen wurde, der sich am Herrenhofe oder in einer Stadt als *bæcere* niederließ und ein Gewerbe daraus machte, auch andere Leute mit Brot zu versorgen, so ist doch wohl zu beachten, daß daneben das Brotbacken als häusliche Verrichtung noch immer fortbestand, vorzugsweise auf dem Lande, wo noch heute vielfach die Bäuerin ihr Brot selbst bäckt, mit anderen Worten also ein Zustand herrscht, der den ursprünglichen Verhältnissen am nächsten kommen und diese am besten illustrieren dürfte.

Auf die Frage, was er denn nütze, antwortet der Bäcker in Aelfrics Coll. mit einem gewissen Selbstbewußtsein, man könne zwar auch einige Zeit ohne ihn leben, aber nicht lange und nicht gerade gut, denn ohne ihn wäre der Tisch leer, und alle Speisen gereichten einem zum Ekel; er stärke das Herz der Menschen, bedeute die Kraft der Männer, und selbst Kinder könnten ihn nicht entbehren.[1] Bei der großen Wichtigkeit, die dem Brote als Nahrungsmittel im altgermanischen Haushalte zukam, ist diese stolze Antwort sehr wohl verständlich. Vgl. Heyne II 266—280.

Milchverwertung.

Die Nachricht des Plinius, Hist. Nat. XI 41, von der Abneigung der Barbaren gegen den Käse wird für die

---

[1] *Gē magon þurh sum fæc būtan [mīnon cræfte līf ādrēogan ac] nā lancge ne tō wel; sōþlīce būtan cræfte mīnon ǣlc bēod ǣmtig byþ gesewen, and būton hlāfe ǣlc mete tō wlǣttan byþ gehwyrfed; ic heortan mannes gestrangie, ic mægen wera, and furþon lītlincgas nellaþ forbīgean mē* Aelfc. Coll. WW. 98 7—11.

Milchverwertung.

Germanen wohl cum grano salis zu nehmen sein, indem diese nach Heynes Vermutung (II 314, Anm. 62) wohl nur von den feineren römischen Arten nichts wissen wollten. Denn es steht auf der anderen Seite das Zeugnis Caesars: *agriculturae non student, maiorque pars eorum victus in lacte, caseo, carne consistit* (De Bell. Gall. VI 22), wozu noch die Tatsache kommt, daß das unter *c̄yswyrhte* Etymologie erwähnte skand. *ost(r)* wahrscheinlich einst weiter verbreitet und sogar das gemeingermanische Wort für den Käse war, wie Heyne II 314 f. und Kluge, Et. Wb. unter *Käse* annehmen. Da die älteste Art von Käse sicher nur eine formlose Masse geronnener Milch war ohne große Haltbarkeit, war es klar, daß die Germanen gern solche Verbesserungen herübernahmen, die sie von der höher entwickelten römischen Käsebereitung kennen lernten, worauf auch das Eindringen des lat. *caseus* ins Germanische einen Schluß zuläßt. Man ging nunmehr dazu über, das Lab zu verwenden, wodurch man die Milch schneller gerinnen lassen konnte, und preßte die Quarkmasse in Formen von bestimmter Größe, sodaß es dann möglich war, eine gewisse Anzahl von Käsen als Zinsleistung zu entrichten.

Wie Milch an sich für die altgermanische Zeit ein Hauptnahrungsmittel war, so kam auch dem Käse damals wegen seiner Nahrhaftigkeit große Bedeutung zu, viel mehr als der Butter, die wesentlich nur für herrschaftliche Leckerspeise galt. Die Herstellung kam, abgesehen von den etwas anderen Verhältnissen beim Weidevieh, wo der Hirt die Sache übernahm oder beaufsichtigte, oder von größeren Meiereien, wo der ausgedehnte Betrieb bereits männliche Kräfte verlangte, wohl meist den Frauen zu, da im allgemeinen dabei keine allzu anstrengende Arbeit nötig ist. Selbst auf größeren Gutshöfen scheint in altenglischer Zeit noch eine Frau, die čýswyrhte, dazu ausreichend gewesen zu sein, von der es in der Stelle aus den Gesetzen heißt, sie solle 100 Käse erhalten, aus der der Käsepresse enttropfenden Molke Butter für die Herrschaftstafel machen und ferner die Buttermilch ganz bekommen mit Ausnahme des auf den Hirten entfallenden Teils.

Schlachten.

Schon sehr frühe scheint sich für diese Tätigkeit, die ursprünglich dem Hausherrn selbst oder seinem Knechte zukam, ein Verkaufsgewerbe entwickelt zu haben, worauf nicht allein der Umstand, daß wir altenglisch sogar vier verschiedene Namen für denselben Begriff haben: *flǣscmangere, flǣc-tāwere, hrȳper-hēawere, hyldere*, hindeutet, sondern auch die Tatsache, daß schon das Gotische in *skilja* eine Bezeichnung für den Schlächter von Gewerbe hat.[1] Doch blieb daneben die Sitte des häuslichen Schlachtens noch lange, teilweise sogar bis auf die Gegenwart bestehen, wo dann der dafür bezahlte Handwerker das Töten des Tieres übernahm und für die Verwendung der einzelnen Teile Sorge trug. Was die Art des Schlachtens betrifft, so trennte man dem Tiere den Kopf entweder völlig oder nur zum Teile vom Rumpfe, wie es die von Heyne II 282, Fig. 57, gegebene Abbildung aus Cod. Nr. 132 in Montecassino vom Jahre 1023, enthaltend Hrabanus Maurus, De Originibus Rerum, Unterschrift: De macello, zeigt, oder man erschlug das Tier mit einer schweren Hiebwaffe, wozu die Abbildung ib. 283, Fig. 58, aus Cod. Claud. B IV des Brit. Mus. zu vergleichen ist. Die dritte hierher gehörige Fig. 59 ib. 284, eine Miniatur des 14. Jahrhunderts aus La Croix Mœurs, S. 129, lehrt

---

[1] *at skiljam* I Cor. X 25.

uns, daß man größere Tiere schon damals vor dem Töten durch einen Hieb mit dem Beilrücken betäubte.

Salzgewinnung und -verwendung.

Über die Art, wie die Germanen, für die in ihrer nordeuropäischen Heimat die Gewinnung des Salzes entschieden mit ungleich größeren Schwierigkeiten verknüpft war als für die anderen Indogermanen, ihren Bedarf deckten, gibt die Stelle: *Galliae Germaniaeque ardentibus lignis aquam salsam infundunt* Plinius, Hist. Nat. XXXI 82, einigen Aufschluß. Man schüttete also das aus Salzquellen, -bächen, -tümpeln (ae. *sealt-wielle*, *-brōc*, *-mere*) geschöpfte Wasser über brennende Hölzer aus, deren Kohlen und Asche dann als Würze der Nahrung zugesetzt wurden. Das gilt auch für die Kelten (vgl. dazu Schraders Reall. unter Salz): «Allmählich geht man zu verbesserten Methoden der Salzgewinnung über, indem man Sinkwerke und Bohrbrunnen und Pumpen mit künstlicher Abdampfung der so gewonnenen Sole anzulegen oder in rein bergmännischer Weise das Salz zu graben erlernt». Dann kam im Laufe der Zeit das Salz auch zur Konservierung des rohen Fleisches mehr und mehr in Gebrauch, das man früher an die Stelle über den Herd gehängt hatte, wo der Holzrauch aufstieg, was ae. *rēcan* 'räuchern' hieß. Doch ist zu beachten, daß das reine Salz immer noch ein zu rarer Artikel blieb, als daß dadurch die billige Verwertung des Rauches hätte verdrängt werden können, die sich ja bis heute teils für sich, teils in Verbindung mit dem Einsalzen neben diesem noch erhalten hat. Daß auch bei den Angelsachsen das Salz in erster Linie zur Würze diente, glaube ich mit Sicherheit der Stelle Aelfc. Coll. WW. 97 14—98 4 [1] entneh-

---

[1] *Þearle fremaþ cræft mīn ēow eallum; nān ēower blisse brȳcþ on gererdincge oþþe mete būton cræft mīn gistlīþe him bēo . . . . Hwylc*

men zu dürfen, wo der *sealtere*, als er sich bemüht, sein Handwerk und deshalb den Nutzen des Salzes als möglichst unentbehrlich für den Haushalt zu schildern, zwar von dessen Fähigkeit spricht, die Speisen schmackhaft zu machen, nicht aber davon, daß es auch zur Konservierung des rohen Fleisches diene. Wäre das nämlich in ausgedehnterem Maße der Fall gewesen, so hätte er sich einen direkten Hinweis darauf sicher nicht versagt.

II. Handwerker, die für Kleidung sorgen.
Bereitung und Verarbeitung des Leders.

Die Zurichtung der Haut erjagter Tiere oder des Hausviehs war ursprünglich gerade wie das Schlachten selbst ein Geschäft, das der Hausvater selbst oder sein Gesinde verrichtete. «Aber», hier lasse ich nun Heyne III 210 reden, «bei der Häufigkeit des Fellgebrauches muß sich ein eigenes Knechtgewerbe ausbilden, das des Lederarbeiters im allgemeinen, das sich zunächst nicht auf die Zubereitung einschränkt, sondern auch die Verarbeitung mit übernimmt, die rohen Häute auch von außerhalb der eigenen oder herrschaftlichen Haushaltung erwirbt und die daraus hergestellten Gegenstände tausch- und kaufweise absetzt.» Als altenglische Namen für einen solchen Lederarbeiter betrachtet nun Heyne *sceō-wyrhta*, indem er sich auf die ausführliche Stelle aus Aelfc. Coll. WW. 97 5 ff. beruft, wo der *sceō-wyrhta* auf die Frage: *þa sceōwyrhta, hwæt wyrcst þa ūs nytwyrþnessae?* zur Antwort gibt: *ic*

---

manna þurh werodum þurhbryçþ mettum būton swæcce sealtes? Hwā gefylþ cleafan his oþþe hēdderna būton cræfte minon? Efne butergeþweor ælc and cȳsegerum losaþ ēow, būton ic hyrde ætwese ēow þe ne furþoon an wyrtum ēowum būton me brūcaþ Aelfc. Coll. WW. 97 14—98 4.

bicge hȳda and fell, and gearkie hīg mid cræfte mīnon, and wyrce of him gescȳ mistlīces cynnes, swyftleras and sceōs, leþerhosa and butericas, brīdelþwancgas and gerǣda, flaxan uel pinnan and hīgdifatu, spurleþera and hælftra, pūsan and fǣtelsas, and nān ēower nele oferwintran baton mīnon cræfte.
Schon Wülker hatte in der Anmerkung zu dieser Stelle angedeutet, daß demnach das Gewerbe des Schuhmachers zu damaliger Zeit viel ausgedehnter gewesen sein müßte als heutzutage, wogegen sich nichts einwenden lassen wird, da es von vornherein sehr plausibel ist, daß damals eben die einzelnen Gewerbe noch nicht so scharf gegeneinander abgegrenzt waren wie heutzutage, daß mancher Handwerker also noch Dinge herstellte, die nach heutiger Auffassung wieder einem Gewerbe für sich zukämen. Es wird deshalb auch im Grunde auf dasselbe hinauslaufen, ob man mit Heyne *sceōh-wyrhta* als 'Lederarbeiter' faßt, der die Häute selber zurichtet und daraus außer vielen anderen Dingen hauptsächlich Schuhe herstellt, oder mit Wülker als 'Schuhmacher', der daneben noch andere Ledersachen verfertigte. Jedenfalls scheint in altenglischer Zeit, wie Heyne meint, für Herrichtung der Häute und der ledernen Gegenstände noch ein und dasselbe Gewerbe gedient zu haben.

Um die Häute brauchbar zu machen, wurden sie zunächst gewässert, dann mit scharfen Schabemessern von Fleischteilen gereinigt und zuletzt durch Klopfen und Walken geschmeidig gemacht. Vielleicht gehörte speziell letzteres mit zu den Funktionen des *wealcere, spornere, fullere*, der dies neben dem Bearbeiten des Tuches, was seine hauptsächliche Tätigkeit war, ebenfalls besorgte. Als weiteren Fortschritt in der Behandlung betrachtete Heyne das Zusetzen von Holzasche als Beizmittel für die eingewässerten Häute zum bequemeren Entfernen der Fleischreste. Wieder eine Verbesserung bedeutet die Verwendung der Lohe, die «dem Leder Stärke und größere Dichtigkeit seiner Teile verleiht». Daß sie in gewissem Umfang den Angelsachsen bereits bekannt war, beweist das Lehnwort *tannere* (s. dessen Etymologie). Vgl. noch zur Lederbereitung Heyne III 207—212, über die Verhältnisse in der Urzeit Schraders Reall. unter Leder.

Weberei, Tuchbereitung und -verzierung.

Wie unter *webba* Etymologie gezeigt ist, sind wir in der Lage, auf Grund sprachlicher Tatsachen schon den Indogermanen die Kunst des Webens zu vindizieren, und prähistorische Funde, so vor allem aus Lagozza bei Mailand oder die den Schweizer Pfahlbauten (Wangen, Steckborn, Hof, Nußdorf, Niederwyl, Robenhausen, Moosseedorf), ermöglichen es uns, den Beginn einer Webetechnik bis in die Bronze- und jüngere Steinzeit hinaufzurücken. Ja die aus neolithischer Zeit dort aufgefundenen Reste von groben Schnüren, Fischnetzen, Matten und selbst feinen Textilerzeugnissen, Fransen, Decken, Stickereien, Haarnetzen und dergleichen lassen sogar schon einen verhältnismäßig hohen Grad von Vollkommenheit in der Technik der Leinenweberei erkennen, während das Material im Norden damals noch ausschließlich Wolle war, und sich der Flachs dort erst gegen Ende der Bronzezeit Eingang verschaffte. In Ägypten kann man die Flachskultur sogar bis ins 4. Jahrhundert v. Chr. zurückverfolgen.

Für die Zeit, als die europäischen Indogermanen noch näher zusammen wohnten, ist, wie wir aus den sprachlichen Übereinstimmungen sehen, an der Tatsache einer Webetechnik in keiner Weise zu rütteln, zumal der Name für Flachs 'Lein' sicher zum alten Erbgute der europäischen Indogermanen gehört, und sich, wenn allerdings erst später, so doch sicher in vorgermanischer Zeit bereits der Hanf einstellte, den die Angelsachsen schon vor ihrer Auswanderung nach Britannien kannten. Vgl. dazu Hoops, Waldbäume und Kulturpflanzen im germanischen Altertum, S. 290, 298, 331 ff., 351, 454, 470 ff.; Buschau, Zeitschr. f. Ethnol. XXI 227 ff.; Olshausen, ib. 240 ff. und Schrader, Reall. unter Flachs, Hanf, Gewebstoffe, Weben, Webstuhl.

Weil die Kunst des Webens aus der älteren des Flechtens hervorging und sich von ihr eigentlich nur dadurch unterschied, daß sie nicht aus freier Hand, sondern unter Zuhilfenahme einer mechanischen Verrichtung ausgeübt wurde, glaubte auch Schrader, schon für die Urzeit die Existenz eines solchen Apparates annehmen zu dürfen, den wir trotz seiner primitiven Beschaffenheit dennoch als Webstuhl bezeichnen müssen. Buschau hat es ebenfalls unternommen, einen solchen nachzuweisen.

Auch für die germanischen Völkerschaften ist der Flachs und seine technische Verwertung hinlänglich bezeugt, wie denn das Auftreten zweier neuer autochthoner Bezeichnungen des Leins für seine weite Verbreitung spricht (vgl. Hoops, ib. 470 f.) und speziell der Name ae. *fleax*, ne. *flax*, nhd. *flachs*, der mit *flechten* zusammenhängt, für die Art seiner Verwendung beredtes Zeugnis ablegt. Dazu kommen die Angaben römischer Autoren, wie Plinius[1]

---

[1] *Itane et Galliae censentur hoc (lini) reditu? .... Cadurci, Caleti, Ruteni, Bituriges ultimique hominum existimati Morini, immo vero Galliae universae vela texunt, iam quidem et transrhenani hostes, nec pulchriorem aliam vestem eorum feminae novere .... in Germania autem defossi atque sub terra id opus agunt* Plinius, Hist. Nat. XIX 1 (2).

und Tacitus[1], die uns das eben Gesagte erhärten und außerdem von der Vorliebe germanischer Frauen für leinene Gewänder sprechen, die in unterirdischen Räumen gewoben wurden. Schließlich gestattet uns noch die weite Verbreitung des Verbums *weben*, das ja, wie unter *webba* Etymologie gezeigt wird, allen germanischen Dialekten mit Ausnahme des Gotischen — denn hier begegnet uns nur ein *wullareis* als Allgemeinbezeichnung des Wollarbeiters Marc. IX 3 — gemeinsam ist, einen Schluß auf die Ausdehnung dieser Kunst. Natürlich bot sich auch den Germanen als nächstliegendes und bequem zu verarbeitendes Material die Wolle ihrer Schafe, woneben als seltener Mischungen mit Hirsch- und Ziegenhaaren sowie Pflanzenfasern zu erwähnen sind. Ein Brief Alcuins an den Bischof Æþelheard von Canterbury zwischen 802 und 804 beweist, daß es übrigens auch Gewänder aus reinen Ziegenhaaren gab.[2]

Ferner kommen besonders die Gespinnstfasern aus den Stengeln des Flachses und Hanfes in Betracht. Deren Gewinnung durch verschiedene Etappen hindurch bis zu dem Augenblicke, wo die Fasern fertig vorliegen, und ihre weitere Verarbeitung mit der der Wolle zusammenfällt, hat Heyne III 220—224 erläutert auf Grund von ziemlich spärlich fließenden und meist erst aus späterer Zeit stammenden Bezeichnungen, worunter solche aus dem Altenglischen kaum vertreten sind. Daß schließlich auch noch Lindenbast als vermutliches Rückbleibsel aus vor-

---

[1] *nec alius feminis quam viris habitus, nisi quod feminae saepius lineis amictibus velantur eosque purpura variant* Tac., Germ. XVII 9 f.

[2] *misi dilectioni vestrae unam cuppam argenteam et unum olosericum et vestitum caprinum camissaleque lineum* Monumenta Germaniae historica. Epistolae IV. Alcvini Epistolae No. 311, S. 480,31 f.

geschichtlicher Zeit zur Verwendung kam, schließt man einmal aus dem Verbum ae. *þringan*, as. *thringan*, ahd. *dringan*, das «neben seiner allgemeinen Bedeutung schon früh Gewerkswort für das Drehen und feste Anlegen des Flechtmaterials», und zwar der groben Baststränge «gewesen sein muß» (Heyne), worauf auch z. B. die altenglische Glosse torquent: *þrungun* WW. 51,20 noch hindeutet. Ferner spricht hierfür ein Zeugnis des Pomponius Mela, wonach die Germanen neben Wollmänteln auch solche aus Bast getragen hätten.[1]

Die Erlangung und weitere Verwertung der Wolle ist eine Beschäftigung, die ursprünglich dem Hause anhaftete und im Gegensatz zur Flachs- und Hanfbereitung, die ausschließlich weibliche Arbeit war, von beiden Geschlechtern ausgeübt wurde mit dem sich von selbst ergebenden Unterschiede, daß der Mann resp. Hirte das Ausraufen der Wolle oder das erst von den Römern eingeführte Scheren der Schafe übernahm, während beim Schlagen, Zupfen und Kämmen der Wolle auch die Frau hilfreich zur Hand ging, wie der Name *wull-tewestre* (s. d.) zeigt. Die altenglischen Ausdrücke für diese Tätigkeit liegen in carpo: *ic tötere oþþe pluccige oþþe tǣse* (sc. *wulle*) Aelfc. Gr. 170,13 vor, Name für das Gerät ist *wull-camb*. Wenn sich nun aber, wie wir dies ja allgemein konstatieren können, auch hier im Laufe der Zeit aus der schlichten Hausbeschäftigung ein besonderes Gewerbe mit durchgebildeter Technik entwickelte, so muß doch andererseits beachtet werden, daß damit jene noch nicht zu Ende war, da sich nebenher noch Jahrhunderte hindurch Wollstoffbereitung

---

[1] *Maximo frigore nudi agunt, autequam puberes sint, et longissima apud eos pueritia est; viri sagis velantur, aut libris arborum, quamvis saeva hieme* Pomponius Mela. De Situ Orbis Lib. III, Kap. 3.

und noch länger allerdings Leinenweberei als Hausbeschäftigung hielt, wie ja bekanntermaßen das Spinnen und Weben sich selbst bis in die höchsten Kreise lange seitens der Damen großer Beliebtheit erfreute, wenn auch hinwieder in vielen Gegenden das Emporkommen der Tuchmacherzünfte und der mit ihnen in Verbindung stehenden Handwerker allmählich eine Verkümmerung der Hausindustrie als unausbleibliche Folge nach sich zog.

Daneben wurden fremde, meist orientalische Stoffe, eingeführt, von denen uns hier in erster Linie die altenglischen interessieren. Ein verhältnismäßig früher Import, wennschon nur einmal bezeugt (in sabanis: *on sabanum id est scete* WW. 502,23) ist ae. *saban* (auch got., ahd. vorhanden) aus griech. σάβανον 'Leinengewebe', ursprünglich aus Saban bei Bagdad. Die Bekanntschaft mit Purpur wird durch ae. *pæl(l)*, *pel(l)* erwiesen, das außer der allgemeinen Bedeutung von 'kostbarem Mantel, Gewande' auch 'Purpur(farbe)' heißt, während lat. *purpura* < griech. πορφύρα als *purpure* 'purpurenes Gewand' direkt ins Altenglische aufgenommen wurde; ne. *purple*, me. *purpre* stammt aus afrz. *porpre*, *pourpre*. Für die Seide, die neben fertigen Geweben zuweilen als Rohstoff und wohl auch als Gespinst eingeführt wurde, gelten ae. *side* < lat. *saeta*, *seta* und das in seinen lautlichen Verhältnissen nicht ganz durchsichtige *seol(o)c*, wozu ahd. *silecho*, *selecho* 'toga', sowie an., aisl. *silki* gehören < lat. *sericus*, wie Heyne vermutet. Näheres Skeat. Conc. Et. W. unter *silk* und Kluge, Et. Wb. unter *Seide*, der diese Sippe zu aksl. *šelkŭ* stellt und dann an eine Benennung eines östlichen Kulturvolkes z. B. mongolisch: *sirgek* 'Seide' anknüpfen möchte, während Miklosich, Et. Wb. unter *šelkŭ* geneigt ist, im Gegenteil anzunehmen, daß die Russen das germanische Wort von den Skandinaviern entliehen und dann weiter vermittelt hätten. Als ganz allgemeine Bezeichnung ohne nähere Angabe über Wesen und Herkunft für einen kostbaren Stoff findet sich ae. *god(e)webb*, dessen erster Teil, wie unter *godweb-wyrhta* gezeigt ist, die volksetymologische Umgestaltung eines gleichfalls fremden Bestandteils bietet. Erst viel später treten dann Sammet (me., ne. *velvet*), Baumwolle (me. *cotoun*, ne. *cotton*) und Byssus (me. *biis, biys, bys, bissus*, ne. *byssus*) auf, die im Altenglischen noch durch das einheimische *twīn* 'Gewebe mit verstärktem Faden' oder ganz allgemein wiedergegeben werden mußte (z. B. byssum: *twīn* WW. 10 11, ∼: *of twīne* ib. 86 32, ∼: *twīn* ib. 358 14. bissum, g. papagen: *swīþe hwīt fleax* ib. 151 14). Es besteht also ein zeitlicher Unterschied in der Aufnahme dieser letzten vegetabilischen resp. seidenen Zeuge und jener, die auf frühere Entlehnung hinweisen. Eine solche gilt für ausländische Wollstoffe jedoch nur in bescheidenem Umfange den sprachlichen Zeugnissen zufolge, wie man wohl überhaupt aus dem verschwindend geringen Material an Lehnworten, auch nur die einzelnen Stadien der Woll- und Leinbereitung zu bezeichnen, auf geringe Beeinflussung durch fremde (römische) Technik und ferner auf eine gewisse Vortrefflichkeit der germanischen Ware, sowie eine erhöhte Selbständigkeit des einheimischen Gewerbes wird schließen dürfen. Wollbereitung gedieh natürlich landschaftlich da am vorteilhaftesten, wo in größerem Umfange Schafzucht getrieben wurde, in Friesland, Niederdeutschland und England. Die hier geschilderten Verhältnisse gelten wohl ohne Unterschied für alle deutschen Stämme, und es liegt sicher kein Anlaß vor, bei dem Mangel an literarischen Nachweisen — denn eine Aufzeichnung der schlichten häuslichen Fertigkeit des Webens, woraus wir mit Bestimmtheit auf die einzelnen Handgriffe schließen könnten, hielt man gar nicht für nötig — für die Angelsachsen speziell abweichende Zustände anzunehmen. In der Tatsache, daß im Jahre 764 der Abt Gūthbert von Wiremūth als Geschenk englisches Tuch an den Erzbischof Lullus von Mainz schickte, dürfen wir sogar einen frühen Beweis für die Güte altenglischer Arbeit erblicken.[1]

Der altenglische Ausdruck für die Umformung der *wull-cnoppa* 'Wollflocke' zum *gearn* oder **hæspe, hæpse* 'Faden' ist *spinnan* 'spinnen', wozu ein ae. Subst. **spinnestre* 'Spinnerin' (vgl. auch nndl. *spinster*) durch me. *spinster*, *spynnestere* Langl. P. Pl. A., Pass. V 130 resp. B. 216 und ne. *spinster* erwiesen wird, das zwar meist 'Jungfer' heißt, jedoch z. B. bei Shakespeare, Tw. II 4, 45, H. VIII. I 2, 33, Oth. I 1, 24 noch in der Bedeutung 'Spinnerin' vorkommt; das Gerät[2] heißt *spin(e)l*, ne. *spindle* 'Spindel', der Stock zum Aufhängen der Wolle *di(s)stæf* 'Rocken' (colus: *distæf* WW. 125 21, 328 33, panuli, planus, uel panus, colus: *disstæf* ib. 187 33), ne. *distaff*, die Haspel, die den gesponnenen Faden aufnimmt, *gearnwinde* (conductum: *gearnwinde* WW. 213 11, 294 9, ∾: *gernwinde* ib. 262 17, 368 1) und *hrēol, rēol*, ne. *reel* (alibrum: *hrēol* WW. 187 19, ∾: *rēol* ib. 262 31, 351 27, *riul* 294 24); als Bezeichnung für den ganzen Web-

---

[1] *duo vero pallia subtilissimi operis, unum albi, alter tincti coloris cum libellis et clocam, qualem ad manum habui, tuae paternitati mittere curavimus* Mon. Germ. hist. Epist. III. S. Bonifatii et Lulli Epistolae VI, No. 116, S. 406 22 ff.

[2] Ich nenne hier beiläufig einige Weberwerkzeuge, denn eine Aufzählung aller hierfür in Betracht kommender Gerätenamen würde zu weit führen, liegt auch nicht im Rahmen meiner Arbeit. Was z. B. die Ger. 15 genannten Instrumente anbelangt, die in ihren genaueren Unterschieden voneinander noch nicht alle durchweg klar sind, so böten sie speziell zu noch gar manchen weiteren Bemerkungen Anlaß

stuhl, von dem Heyne vermutet, «daß schon früh unter Kultureinfluß von Süden her der senkrechte Webstuhl mit einem Gestell vertauscht worden sei, bei dem die zu webenden Fäden horizontal liegen», findet sich erst ne. *loom*, da ae. *(ge)lōma*, me. *lōme* ganz allgemein 'Gerät, Werkzeug' heißt, und sich nur in der mittelenglischen Glosse Telarium: *Webstarys Löme* Pr. P. S. 519 bereits die Spezialisierung auf das Werkzeug des Webens findet; *lorh, lorg, web-bēam* (liciatorium: *lorh*, uel *webbēam* WW. 187 11, ∾: *webbēam* ib. 262 8) und *web-sceaft* ist der Weber-(Ketten-Garn)baum, *lorh* bezeichnet außerdem das Trittbrett am Webstuhle (insubula: *webbēamas* WW. 188 4, insubuli: ∾ ib. 430 8); *web-hōc, stodla, pihten* (< lat. *pecten*) sind Namen für den Weberkamm, der dazu dient, die Aufzugsfäden immer in gleichem Abstande voneinander zu halten und jeden eingetragenen Schußfaden eng und regelmäßig an den vorhergehenden anzuschließen.

Das so hergestellte *web(b)* 'Gewebe' erhält dann der *fullere* (s. d.), um es zu walken, zu reinigen und die Einzelfasern zwecks Bildung einer sammetartigen Haardecke emporzuheben oder dieselben, sofern sie infolge des Verfilzungsprozesses hervorgetreten waren, zu ordnen und so eine Abänderung in der Oberflächenbeschaffenheit des Tuches zu erreichen. Letzteres kommt wohl auch der *wull-tewestre* zu und geschieht vermittelst einer Art Striegels aus den rauhen Fruchtköpfen der Kardendistel, für die erst viel später in Bürsten mit dünnen Metalldrähtchen ein künstlicher Ersatz geschaffen wurde unter Beibehaltung des Namens *card* (aus frz. *carde* < mlat. *carduus*, cl., lat. *carduus*) im Englischen auch für das neue Instrument. Das gilt ebenso für frz. *carde* und das damit zusammenhängende, aus dem Romanischen stammende deutsche *Kardätsche*, das zunächst nur eine aus Distelfruchtköpfen hergestellte, schließlich auch jede andere steife Bürste bezeichnet, einerlei, ob sie zum Rauhen des Tuches oder sonstigen (meist Reinigungs)-Zwecken gebraucht wird. Im übrigen verweise ich, was die Tuchbereitung anbelangt, auf Heyne III 207—252, für die einzelnen Kleidungsstücke ib. 252—352, sowie die Arbeit von L. Stroebe, Die altenglischen Kleidernamen, Borna-Leipzig 1904, wo im 'Kulturgeschichtlichen Teil A' u. a. über Moorfunde und Ausgrabungen, ausländische Einflüsse auf angelsächsische Tracht und Manuskriptillustrationen gehandelt ist, wo auch die Stoffe und Farben kurz zur Sprache kommen, sowie auf Abbildungen hingewiesen wird.

Ähnlich wie bei der Weberei gestattet uns auch beim Nähen ein Blick auf die zahlreichen außergermanischen Entsprechungen der Gruppe got. *siujan* etc. (vgl. *sēamere* Etymologie) den Schluß, daß diese Kunst schon den Indogermanen bekannt war, aber hier nur für die Lederarbeit zur Verwendung kam, was Schrader (Reall. unter *Nadel*) auch außerdem durch prähistorische Funde erweist. Später mit dem Auftreten des Rockes bei den Einzelvölkern, d. h. einer nicht mehr losen, sondern den einzelnen Körperteilen angepaßten Umhüllung wurden dann diese Bezeichnungen auch auf seine Herstellung übertragen und somit einer weiteren Ausbildung und Vervollkommnung der Kunst die Möglichkeit gegeben. In dem Auftreten eines neuen Namens für das Werkzeug und die Tätigkeit, nämlich ae. *nēdl*, *nēpl*, ne. *needle*, got. *nēpla*, ahd. *nadala*, mhd. *nadel*, nhd. *nadel*, nndl. *naaien*, ahd. *najan*, *nāwan*, mhd. *nǣjen*, nhd. *nähen*, das nach griech. νέω, lat. *neo* ursprünglich 'spinnen' hieß, darf ein linguistischer Beweis für die Ausbreitung dieser Kunstfertigkeit bei den Germanen erblickt werden. Aus Tacitus, Germania Kap. XVII[1], erfahren wir schon, daß man auf die aus einheimischen Tierfellen hergestellte Pelzkleidung bunte Lappen von fremden Tierfellen anfügte, und aus der soeben bei Besprechung der Weberei genannten Stelle im gleichen Kapitel ist ersichtlich, daß die germanischen Frauen ihre leinenen *amictus* durch daraufgenähte Purpurstreifen zu verzieren liebten. Ferner erzählt Paulus Diakonus[2] von Langobarden und Angelsachsen, daß sie Gewänder trugen, die mit bunten Streifen geschmückt waren.

Von den beiden Ausdrücken für 'nähen' bezog sich der ältere, ahd. *siuwan* etc., zunächst «auf das An- oder Einfügen von Besatz, Rand- oder auch Flickstücken, der Herstellung eines Saumes», der jüngere, ahd. *nājan, nāwan* etc., «ursprünglich nur auf das Zusammenfügen der einzelnen zugeschnittenen Teile eines Kleidungsstückes mittels der Naht» (Heyne III 245), wenn auch später die Scheidung aufhörte und Promiscuegebrauch eintrat. Genäht wurde mit einem Faden (*þrēd*), der gegenüber dem Weberfaden (*gearn*) durch Drehen (*þrāwan*) verstärkt war und auch dauerhafter sein mußte. Wie fast alle anderen Gewerbe entwickelte sich auch das des Schneiders, als dessen Werkzeug Aelfc. Coll. WW. 99 17 die vom Schmiede hergestellte Nadel genannt ist, aus einer häuslichen Verrichtung.

Was die mit Nähen nahverwandte Fertigkeit des Stickens betrifft, so kam diese außer für einzelne Teile

---

[1] *eligunt feras et detracta velamina spargunt maculis pellibusque beluarum, quas exterior Oceanus atque ignotum mare gignit* Tac., Germ. Kap. XVII 6 ff.

[2] *vestimenta linea, quali Anglisaxones habere solent, ornata institis latioribus vario colore contextis* Paul, Diac. hist. Langob. IV 22 (zitiert nach Heyne III 237, Anm. 152).

von Gewändern, meist Prunkkleidung, bei der Verzierung von Teppichen, Überzügen und Wandbehängen zur Anwendung, wie z. B. Beow. 994 ff. von goldgestickten Geweben an den Wänden des Speisesaals im Heorot die Rede ist: *goldfāg scinon web æfter wagum, wundorsıona fela secga gehwylcum þāra þe on swylc staraþ.* Daß die Bemerkung Heynes III 249 «Sticken ist im germanischen Altertum nur Frauensache» einer kleinen Einschränkung bedarf, scheint mir unsere altenglische Glosse blaciarius, primicularius: *byrdistræ* Erf. OET. 1153 doch zu verlangen[1], indessen soll andererseits gewiß nicht in Abrede gestellt werden, daß von jeher das Sticken als eine in erster Linie den Frauen zukommende Tätigkeit angesehen wurde, die in weiterem Umfange erst im Laufe des Mittelalters von Männern, zunächst in Klöstern, dann aber auch von Laien gewerbsmäßig betrieben wurde.

Schließlich konnten auf den Geweben auch noch der Färber *(litigestre)* und der Maler *(mētere)* ihre Kunst zeigen, wenn uns auch keine literarischen Zeugnisse zu Gebote stehen über die Art, wie sie ihr Gewerbe ausübten, z. B. auch in Aelfc. Coll. unter den *wyrhtan* beide nicht vertreten sind.

III. Handwerker, die Metalle verarbeiten.

Schmied.

Aus der etymologischen Zusammenstellung, die unter *smiþ* (Etymologie) gegeben ist, ergibt sich für uns die beachtenswerte Tatsache, daß das Handwerk des Schmiedes sich vor allen anderen in dieser Arbeit behandelten dadurch

---

[1] Wenn hier nicht *byrdistrae* trotz der latein. Maskulina als Femininum zu fassen ist.

unterscheidet, daß es bereits als urgermanisch zu gelten hat, während die übrigen Gewerbe des Bäckers, Schneiders, Webers usw. sich erst in jüngerer Zeit aus einer Reihe ursprünglich meist dem Hause anhaftender technischer Fertigkeiten entwickelten. Dagegen gibt es keinen gemeinindogermanischen Namen für den Schmied, worüber der betreffende Artikel in Schraders Reall. zu vergleichen ist. Bei der Wichtigkeit, die im Leben aller Völker den metallenen Geräten sowie Waffen zukam, läßt es sich auch sehr wohl begreifen, daß schon frühe einer, der im Herstellen derselben Hervorragenderes leistete als ein anderer, auf den Gedanken kam, seine Fertigkeit zu verwerten und daraus ein Gewerbe zu machen, das im Laufe der Zeit in gleichem Maße wie die Metallerzeugnisse selbst an Wichtigkeit gewann, und auch stets einen gewissen Vorrang vor denen behauptete, die ihm in jüngerer Zeit allmählich zur Seite traten. Letzteres gilt auch in vollem Umfange für die Germanen, in deren Leben Kämpfe und Waffen eine so große Rolle spielten. Ein Beweis für die hohe Bedeutung der Schmiedekunst bei ihnen bietet die Wielandssage[1], die in manchen Zügen, so der Lahmheit des Helden, zu der griechischen von Hephaistos paßt oder an die römische von Vulkan erinnert, wobei man sich gleichwohl wird hüten müssen, derartige Übereinstimmungen in den Sagen verschiedener Völker immer auf eine gemeinsame Grundlage zurückzuführen, da sie oft nur auf Zufall beruhen mögen, und überall unter ähnlichen Verhältnissen ähnliche Produkte entstehen, d. h. Schmiedesagen unabhängig voneinander aufkommen können bei Griechen wie bei Römern, bei Germanen wie bei

---

[1] S. dazu B. Symons in Pauls Grdr.² III 722—731.

Juden, wo Genesis IV 22 Tubalcain als Erfinder der Schmiedekunst genannt ist.

> For, since the birth of time, troughout all ages and nations,
> Has the craft of the smith been held in repute by the people.

Mit diesen Worten verherrlicht Longfellow, Evangeline 117 f., das Schmiedehandwerk.

Wenden wir uns nun zu den angelsächsischen Verhältnissen, wo ein zwar nicht reiches, aber immerhin genügendes Belegmaterial — denn, wenn man von dem allgemeinen *wyrhta* absieht, ist *smiþ* der häufigst vorkommende Handwerkername im Altenglischen — es gestattet, uns ein Bild von der Tätigkeit eines *smiþ* zu entwerfen. Voran steht natürlich, besonders in der epischen Poesie, seine Kunst, Waffen und Schmuck zu verfertigen, wie Helm *(helm)*, Panzer, Brünne *(seoronet, heaþu-byrne)*, Schild *(scyld)*, Schwert *(hup-seax, mēce)*, Speer *(spere)* und Kleinodien *(sinc)* als seine Erzeugnisse genannt werden; auch daß er in ein goldenes Gefäß *(gold-fæt)* einen Edelstein *(gim)* einsetzt, wird durch Phön. 304 bewiesen. Neben diesen vornehmeren Leistungen ist als eine zweite, aber auch ungemein wichtige die Herstellung von Ackergeräten zu nennen, wie z. B. der Pflugschar *(culter, sȳlan-sćear)* oder des Treibsteckens *(gad, gad-īsen)*, ferner die der Ahle *(æl)* für den Schuhmacher, der Angel *(ancgel)* für den Fischer und der Nadel *(nǣdl)* für den Schneider. Aufschluß gibt uns darüber die Stelle Aelfc. Coll. WW. 99 15 ff., wo bei dem Rangstreite zwischen *yrþling* und *smiþ* letzterer fragt, woher denn alle die Genannten ihre Werkzeuge hätten ohne ihn. Aus seinen Worten, die ein gleiches Selbstbewußtsein verraten wie die des *bæcere*, erhellt, wie vielseitig der Schmied war, was übrigens auch aus den vielen Kompositen mit Metallnamen gefolgert werden darf wie *ar-*, *gold-*, *iren-*, *isen(e)-*, *mæs(t)lin(g)c-*, *seòlfor-smiþ* oder aus seinen Einzelnamen wie *gym-*, *ise(r)n-*, *slećg-*, *sweordwyrhta*, *sweord-hwita*. *Anfilte* 'Amboß', *hamor*, *slećg* 'Hammer', *tang(e)* 'Zange' und *(smiþ-)byl(i)g*, *bel(i)g* 'Blasebalg' waren seine Hauptwerkzeuge. Anschaulich ist auch das, was Aelfc. Coll. WW. 100 1 f. der consiliarius, der dem *yrþling*, der Speise und Trank liefere, vor dem *smiþ* den Vorrang zuerkennt, letzterem als Begründung zuruft: *þu hwæt sylst us on smiþþan þinre baton isenne fyr-spearcan and swegincga beatendra slecgea and blawendra byliga?*

Wie geachtet ein˙ Schmied aber war, ist aus Ges. Aeþelb. 7 ersichtlich, wo ausdrücklich eine Strafe für den festgesetzt wird, der einen am Hofe angestellten *ambihtsmiþ* umbringt, und dieser sogar auf gleicher Stufe mit einem *laadrincman* 'Geleitsführermann' steht.

Schließlich sei noch darauf hingewiesen, daß dieser Handwerker, der in England stets der volkstümlichste von allen war, auch seinen altheimischen Namen bis heute bewahrte. Denn das daneben mit Suffix *-er* eingedrungene, aus frz. *forge* (= vulglat. *faúrga*) stammende *forger* wird meist in übertragener (besonders auch schlimmer) Bedeutung gebraucht.

Münzer.

Neben den Schmied *(smiþ)*, der also für den germanischen Handwerker κατ' ἐξοχήν zu gelten hat, tritt in jüngerer Zeit der Münzschmied oder Münzer, für den als Name das lateinische Lehnwort ae. *mynot* etc. 'Münze' + Nomen agentis-Suffix *-ere* fungiert (s. *mynetere* Etymologie). Zu weiterer Verbreitung auf germanischem Boden kam aber dieser Name erst dann, als auf den ehemals römischen

Gebieten sich germanische Könige später das Münzrecht
aneigneten und mit römischer Technik und Technikern
arbeiten ließen. Es stand auch geistlichen Herren in altenglischer Zeit zu, wie bekanntlich lange in Deutschland,
so daß z. B. König Eadweard (wohl der Bekenner) seinem
Abte Baldewyn einen Münzer testamentarisch vermachen
konnte. Überhaupt sind wir durch verschiedene darauf
bezügliche Paragraphen der altenglischen Gesetze über das
damalige Münzwesen und die Münzer selbst entschieden
besser in der Lage, uns ein anschauliches Bild von ihrem
Gewerbe zu entwerfen, als von so manchem anderen Hand-
werke. So erfahren wir aus Ges. Aeþelst. II 14 und 14, 2,
ao. 925 bis ca. 935, daß nur eine Münze über des Königs
ganzes Gebiet hin gehen sollte, wohl dem Bedürfnis der
Gleichförmigkeit entsprechend und im Interesse einer ver-
trauenswürdigen Prägung, und daß niemand außer in einer
Stadt münzen durfte. Es standen damals in Canterbury
7 Münzer, 4 königliche, 2 (erz)bischöfliche und 1 für den
Abt, in Rochester 3, 2 königliche, 1 bischöflicher, in London 8, Winchester 6, Lewes 2, Hastings 1, Wareham 2,
Dorchester 1, Exeter 2, Shaftesbury 2, sonst in den anderen Burgstädten je 1. Etwa 70 Jahre später 981—1002
(997?) scheint allerdings eine Änderung eingetreten zu sein,
da Aþelrēd III z. Want. 8, 1 bestimmt, daß niemand außer
dem Könige einen Münzer haben dürfe, und es ib. IV,
Insc. lat. 9, ausdrücklich heißt, es sollte nun weniger
Münzer als bisher geben, 3 in jeder Großstadt, 1 in jeder
anderen Stadt.

Und wenn die Könige darauf aus waren, das Münzrecht allein auszuüben, so lag diesem Bestreben sicher auch
die Absicht zugrunde, eine bessere Kontrolle über das Münzwesen zu bekommen und Fälschungen möglichst vorzu-

beugen, die aber trotzdem vorkamen, wie es gerade in diesem Punkte kein schönes Licht auf die altenglischen Verhältnisse wirft, daß so viele Paragraphen für dieses Verbrechen nötig waren, d. h. Falschmünzerei weniger in der heutigen Bedeutung, daß Privatpersonen unbefugt mangelhafte Stücke prägen und in Verkehr bringen, als in dem Sinne, daß die angestellten Münzer selber in betrügerischer Ausnützung ihres Vorrechts zum eigenen Vorteil minderwertiges Geld — in größerer Anzahl natürlich dann — herstellten und vertrieben. Schon Aeþelstān II 14, 1 bestimmte dem Falschmünzer als Strafe, daß ihm seine Hand abgehauen und über der Münzschmiede befestigt würde, falls er nicht durch Reinigung der Hand im heißen Eisenordal die Nichtigkeit der Anklage dartun könnte. Ja später Aþelr. II. z. Want. 8 stand dem Verbrecher, der sich in dreifachem Ordale nicht zu reinigen vermochte, sogar die Todesstrafe bevor. Ib. 8, 1 heißt es, daß die Münzer, die im Walde heimlich arbeiten, ebenfalls ihr Leben verwirkt haben, wenn ihnen der König keine Verzeihung gewährt. Nach Aeþelr. IV Insc. lat. 5 durfte auch kein Unterschied gemacht werden zwischen Falschmünzern selbst und solchen Kaufleuten, die gutes Geld zu Fälschern hintrugen und von diesen bestechend erlangten, daß sie unreines und weniger vollwichtiges Geld in größerer Anzahl Münzen herstellten, um damit zu handeln und einzukaufen, und solchen, die Münzstempel anfertigten und den Fälschern gegen Geld verkauften, indem sie den Namen eines unschuldigen Münzers, nicht des schuldigen darin eingravierten. Ib. 7. 7, 1 wird festgesetzt, daß Kaufleute, die falsches oder mangelhaftes Geld zur Stadt bringen, gleichfalls ihr Wergeld oder Leben verwirkt haben, wie der König verfügen will, falls sie nicht durch Ordal dartun, daß sie nicht wußten, daß das Geld falsch war. Ein solcher Kaufmann muß dann (ib. 7 2) von den angestellten Münzern zu seinem Schaden vollwichtiges und reines Geld gegen sein schlechtes einwechseln. Sogar Stadtvögte, die Mitwisser waren, wurden derselben Strafe teilhaftig, außer wenn sie sich reinigen könnten und der König ihnen verzieh. Darum gebietet Aeþelrēd seinen Bischöfen, Earls und Ealdormen, überall darauf zu achten, daß kein falsches Geld hergestellt oder vertrieben wird (8), daß die Münzer selber ihre Unterarbeiter anhalten, reines Geld von richtigem Gewichte herzustellen bei obiger Strafe (9, 1). Desgleichen sollten die, die die Städte verwalten, bei Strafe für ihren Ungehorsam bewirken, daß jedes Gewicht gekennzeichnet würde nach dem Gewichte, wonach die Münze angenommen würde, und jede solle so gezeichnet werden, daß 15 Ör ein Pfund ausmachten (9, 2). So scheinen also in altenglischer Zeit Fälle von Falschmünzerei nicht gerade selten gewesen zu sein, und wenn in den sogenannten Wulfst. Hom. 129, 2 v. u. der betreffende Prediger unter anderen Sündern auch *yfele myneteras* nennt, so dürfte gerade diese Exemplifikation sehr wohl berechtigt gewesen sein.

IV. Handwerker, die Holz, Erde oder Stein verarbeiten.

Zimmermann.

Er sagt in Aelfc. Coll. von sich selbst, daß er Häuser baue und außerdem die verschiedensten Gefäße und auch Schiffe herstelle.[1] Es scheint also dieses Gewerbe ebenso

---

[1] *Se trēowwyrhta segþ: hwilc ēower ne notaþ cræfte mīnon þonne hūs and mistlīce fata and scypa ēow eallum ic wyrce?* Aelfc. Coll. WW. 100 3—4.

wie das des Schuhmachers in altenglischer Zeit bedeutend umfangreicher gewesen zu sein als heutzutage. Ja es ist sehr naheliegend, wenn der *trēow-wyrhta* auch nicht davon redet, doch anzunehmen, daß er außer den genannten Sachen noch Wagen, Schilde und Schnitzereien herstellte, so daß dann *wǣn-wyrhta*, *scip-wyrhta*, *scyld-wgrhta* und *grafere* nur verschiedene Namen für denselben Handwerker wären, dessen einzelne Tätigkeiten sie hervorheben würden, vielleicht auch *hrōf-wyrhta*, falls man in diesem Namen nicht eine bloße Wiedergabe des lat. *tignarius* oder *sarcitector* erkennen will.

Töpfer und Bergmann.

Die drei altenglischen Namen *croχ(c)-wyrhta*, *pottere* und *tigel-wyrhta* lassen keinen Zweifel darüber aufkommen, daß schon damals das Gewerbe des Töpfers bestand, über dessen Hantieren uns allerdings nichts näheres überliefert ist. Auch für den Bergmann gilt dies in altenglischer Zeit, zumal wir hier sogar noch im Zweifel sind, ob wir in dem ἅπαξ λεγόμενον *delfere* wirklich den Bergmann im heutigen Sinne vor uns haben.

Zur Töpferei vergleiche noch die Abbildung 'Angelsächsische Urnen von graubraunem Töpferwerk', pag. 80/81, in Winkelmann, Geschichte der Angelsachsen, Berlin 1883, ferner die Funde aus den Friedhöfen von Kingston und Selzen, die Thomas Wright, A History of domestic Manners and Sentiments in England during the Middle Ages, London 1862, pag. 7 und 8, gibt, sowie den Artikel 'Pottery', pag. 112 ff. und die Abbildungen (Tafel XVI und XVII) in Be Baye, The Industrial Arts of the Anglo-Saxons, London 1893.

Maurer, Steinmetz.

Hier liegt kein einheimisches, sondern aus dem romanischen Süden stammendes Gewerbe vor, für das die altenglischen Ausdrücke *stān-cræftiga, stān-wyrhta, weal(l)-wyrhta* fungierten, die uns allerdings über die allmähliche Verdrängung des urzeitlichen Holzbaus zunächst bei Kirchen und geistlichen Stiften und später dann auch Profanbauten durch den Steinbau nichts näheres in bezug auf die Zeit mitteilen. Denn wenn man auch die neue Art annahm, auf die das Eindringen der lateinischen Fremdwörter wie *weal(l), port, syle, cealc, pilere, cyčene, cyln* ein Licht wirft, so blieb das Verbum für diese Tätigkeit doch immer das alte *timbrian*, die technische Bezeichnung für das 'Bauen aus Holz', wie die Stelle *stān þone widercuron timbrende* Vesp. Ps., OET. CXVII 22, beweist. In den ersten Jahren des 8. Jahrhunderts bittet der Piktenkönig Naita, der 710 zur Regierung kam, den Abt Ceolfrid um einen Baumeister, der eine Kirche nach römischer Art 'zimmern' könne.[1]

---

[1] *Bæd hē se* (sc. *Peohta*) *cyning* (sc. *Nēaton*) *hine (= abbud Ceolfriþ) þ hē him onsende sumne hēahcræftigan stāngeweorces, þ hē mihte æfter Romana þēawe cyricean timbrian* Bd. V, Kap. XXI, S. 677 ₂₉₈₆ bis 678 ₂₉₈₆ ed. Schipper.

www.ingramcontent.com/pod-product-compliance
Lightning Source LLC
Chambersburg PA
CBHW031223230426
43667CB00009BA/1453